essentials

essentials liefern aktuelles Wissen in konzentrierter Form. Die Essenz dessen, worauf es als „State-of-the-Art" in der gegenwärtigen Fachdiskussion oder in der Praxis ankommt. *essentials* informieren schnell, unkompliziert und verständlich

- als Einführung in ein aktuelles Thema aus Ihrem Fachgebiet
- als Einstieg in ein für Sie noch unbekanntes Themenfeld
- als Einblick, um zum Thema mitreden zu können

Die Bücher in elektronischer und gedruckter Form bringen das Fachwissen von Springerautor*innen kompakt zur Darstellung. Sie sind besonders für die Nutzung als eBook auf Tablet-PCs, eBook-Readern und Smartphones geeignet. *essentials* sind Wissensbausteine aus den Wirtschafts-, Sozial- und Geisteswissenschaften, aus Technik und Naturwissenschaften sowie aus Medizin, Psychologie und Gesundheitsberufen. Von renommierten Autor*innen aller Springer-Verlagsmarken.

Weitere Bände in der Reihe https://link.springer.com/bookseries/13088

Ronald Deckert · Hendrik Müller

Mit Charisma aus der Krise

Zuversichtlich und zuverlässig
Zukunft gestalten

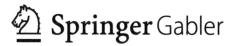 Springer Gabler

Ronald Deckert
Hamburg, Deutschland

Hendrik Müller
Hamburg, Deutschland

ISSN 2197-6708 ISSN 2197-6716 (electronic)
essentials
ISBN 978-3-658-36248-5 ISBN 978-3-658-36249-2 (eBook)
https://doi.org/10.1007/978-3-658-36249-2

Die Deutsche Nationalbibliothek verzeichnet diese Publikation in der Deutschen Nationalbibliografie; detaillierte bibliografische Daten sind im Internet über http://dnb.d-nb.de abrufbar.

Planung/Lektorat: Christine Sheppard
Springer Gabler ist ein Imprint der eingetragenen Gesellschaft Springer Fachmedien Wiesbaden GmbH und ist ein Teil von Springer Nature.
Die Anschrift der Gesellschaft ist: Abraham-Lincoln-Str. 46, 65189 Wiesbaden, Germany

Was Sie in diesem *essential* finden können

- Komprimiertes Überblickswissen zu großen gesellschaftlichen Herausforderungen und philosophischen Grundlagen als Rahmen
- Ansätze zur Nutzung von Charisma insbesondere im Sinne von Charismatic Leadership Tactics als ein Lösungsansatz für die großen Herausforderungen unserer Zeit
- Orientierungslinien und Hinweise für zukunftsorientiertes und nachhaltiges Denken und Handeln entlang der von Aristoteles geprägten Kategorien Telos, Ethos, Logos, Pathos und Kairos aus der antiken Philosophie

Vorwort

Die Notwendigkeiten nachhaltiger Entwicklung sowie aktuelles und noch weiteres vor uns liegendes Krisengeschehen sind verbunden zu betrachten. Eine Krise wie die Coronavirus-Pandemie lässt Menschen manchmal keine Wahl: Viele werden vom Zuschauer einer Entwicklung zu Akteuren wirksamer Veränderung. Hieraus entstehen große Chancen. Man kann sich zum einen persönlich für die Zukunft wappnen, zum anderen können Akteure der Veränderung andere Menschen auf ihrem Weg mitnehmen.

Menschen, die als Akteure nachhaltiger Entwicklung andere bewegen möchten – sie auf dem Weg in die Zukunft begleitend bzw. dabei unterstützen, aktiv einen eigenen Weg in die Zukunft zu gestalten – finden hierfür verschiedene Wissens- und Erfahrungsschätze der Menschheit vor, von denen wir hier einige aufgreifen. Wir haben diese Schätze um den Begriff Charisma herum zentriert, wofür es andere Möglichkeiten gegeben hätte. Spannend ist hierbei: Charisma weist im wissenschaftlichen Kontext Aspekte auf, die sich fördern oder lernen lassen. Das Bewusstsein hierüber kann in der aktuellen Situation sehr wertvoll sein und werden.

Wir würden uns sehr freuen, wenn wir Menschen, die bei den vor uns liegenden Herausforderungen einer nachhaltigen Entwicklung über sich hinauswachsen, dabei unterstützen können, charismatisch andere auf ihrem Weg mitzunehmen. Lassen Sie uns alle gemeinsam zuversichtlich und möglichst zuverlässig diese Wege suchen. Über Anregungen hierzu freuen wir uns.

Wir wünschen Ihnen eine bewegende Lektüre!

Prof. Dr. Ronald Deckert
Prof. Dr. Hendrik Müller

Inhaltsverzeichnis

Über die Autoren

Prof. Dr. Ronald Deckert
HFH · Hamburger Fern-Hochschule
Alter Teichweg 19
22081 Hamburg
Ronald.Deckert@hamburger-fh.de

Prof. Dr. Hendrik Müller
Hochschule Fresenius
Alte Rabenstraße 1
20148 Hamburg
Hendrik.Mueller@hs-fresenius.de

Einleitung 1

Der Mensch lebt in einer durch „**Große gesellschaftliche Herausforderun-gen** [Hervorhebung ergänzt]" (Wissenschaftsrat, 2015, S. 5) geprägten Zeit. Mit „The Great Acceleration" – zu Deutsch: „Die große Beschleunigung" – werden beachtliche Steigerungen in verschiedenen sozio-ökonomischen Indikatoren und Indikatoren für das Erdsystem im Zeitraum seit dem Jahre 1950 charakterisiert und dies markiert einmal mehr die **Schwelle in das sich abzeichnende Zeitalter des Anthropozäns** (Crutzen, 2011; Steffen et al., 2015a).

▶ **Tipp** Seitens der Bundeszentrale für Politische Bildung finden sich hier unter diesem Link https://www.bpb.de/system/files/dokument_pdf/Steffen2015ThetrajectoryoftheAnthropoceneTheGreatAcceleration.pdf (abgerufen am 08.08.2021) der Beitrag von Steffen et al. (2015a) und hier https://www.bpb.de/gesellschaft/umwelt/anthropoz aen/ (abgerufen am 08.08.2021) vielfältige weitere **Informationen rund um die Gedanken zum Anthropozän und darunter zur Großen Beschleunigung – The Great Acceleration.** Im Vortrag „Sustainable Development Goals within Planetary Boundaries: Utopia or Panacea?" greift Johan Rockström am 30. August 2019 – wie hier https://rs. cms.hu-berlin.de/klimavl/plugins/api_resource/?ref=136&k=54d321 cb0f (abgerufen am 08.08.2021) einsehbar – insbesondere die Große Beschleunigung auf und bietet eine im Vergleich zu grundlegenden Berichten wie beispielsweise seitens IPCC (2014, 2018) und IPBES (2019) sehenswert fokussierte Aufbereitung zur Situation auf dem Planeten Erde.

Dem heute erreichten **Zustand unseres Lebensraums Planet Erde** gingen seit Jahrzehnten sich zunehmend verdichtende Hinweise auf eine problematische

R. Deckert und H. Müller, *Mit Charisma aus der Krise*, essentials, https://doi.org/10.1007/978-3-658-36249-2_1

Entwicklung voraus. Menschen haben sich auf internationaler Ebene – aus komplexen sozialen Strukturen der Weltgemeinschaft heraus – vielfach über diese problematische Entwicklung ausgetauscht und wiederholt Ziele formuliert, um eine nachhaltige Entwicklung zu erreichen. Dies hat jedoch über Jahrzehnte hinweg bis heute **nicht dazu geführt, dass auch tatsächlich umfassend tragfähige Maßnahmen wirksam gegriffen hätten.** Für eine nachhaltige Entwicklung besonders engagierte Menschen haben sich hierbei bislang nicht durchsetzen können. Die Folgen haben viele Menschen in ihren Lebensumständen und ihrer Gesundheit getroffen – bis hin zu tödlichen Ausgängen – und diese werden voraussichtlich noch viele weitere Menschen treffen.

Die entscheidende Frage ist u. E. schon lange nicht mehr, ob eine nachhaltigere Entwicklung notwendig ist. Die entscheidende Frage ist, ob **hinreichend viele Menschen vorausschauend und insgesamt tragfähig zu handeln beginnen** oder ob die Entwicklung sich weiter – mehr oder weniger ungebremst – Raum nimmt und krisenartige Zustände zunehmen. Einsehbar hier unter diesem Link https://www.un.org/sustainabledevelopment/sustainable-develo pment-goals/ (abgerufen am 08.08.2021) finden sich die **17 Sustainable Development Goals (SGD)** der Vereinten Nationen, die der **Orientierung für eine nachhaltige Entwicklung** dienen. Heute sollte zudem die **Verbindung von nachhaltiger Entwicklung und Digitalisierung Beachtung finden** (BMBF, 2019; UN Secretary-General's High-level Panel on Digital Cooperation, 2019), wobei die Überlegungen seitens WBGU (2019) bis hin zur **Würde des Menschen** reichen. Digitalisierung bietet für sich genommen bereits für Politik und Verwaltung **herausfordernde Handlungsfelder** (Deckert, 2020a) und auch Unternehmen tragen verbunden mit Digitalisierung **besondere Verantwortung** (Winston, 2016). Insoweit hilft Denken und Handeln mit Blick auf eine **wirksame Verbindung von nachhaltiger Entwicklung und Digitalisierung** gegebenenfalls auch dabei, **dass keines dieser beiden Handlungsfelder über Gebühr hinter dem anderen zurücksteht und vernachlässigt wird.** Handeln kann mehreren Zielen zugleich dienen und dies geschieht idealerweise bewusst und mit hohem Engagement.

Eine wesentliche Anforderung an Menschen in der heutigen Zeit ist, dass **die tatsächlich für ihre Aktivitäten handlungsleitend wirkenden individuellen und institutionellen Ziele** – beide werden von Menschen gesetzt und verfolgt – **das Große und Ganze im Sinne einer wirksamen nachhaltigen Entwicklung mit umfassen.** Eine stets nur **einseitige Ausrichtung** auf das eigene Wohl und einen engeren Kreis an Mitmenschen wie beispielsweise die eigene Familie oder eine nur ökonomische Ausrichtung bei Vernachlässigung sozialer und ökologischer Folgewirkungen des eigenen Handelns bieten heute **keine besonderen Erfolgsaussichten mit Blick auf den Erhalt unseres planetaren Lebensraums Erde**

mehr; auch für die eigenen Nachkommen. Die hiermit verbundenen Probleme insgesamt werden voraussichtlich nicht rein technologisch zu lösen sein. Auch vor diesem Hintergrund ist es notwendig, dass viele Menschen sich selber hinterfragen und **enge individuelle Horizonte für Denken und Handeln ausweiten** sowie **mit Veränderungen über sich hinauswachsen.** Weites Denken, Fühlen und Handeln kann für diejenigen, die sich in soeben charakterisierten engen Kontexten eingerichtet haben, vielleicht anstrengend oder unbequem sein und vielleicht fehlen auch einfach Einsicht, Willensstärke oder Mut. Insoweit kann es notwendig werden, dass Menschen, die bereits wirksam handeln, weiteren **Menschen helfen und Orientierung bieten. Nachhaltige Entwicklung erfordert Gemeinschaft und Solidarität.**

Heute besteht ganz generell insbesondere auch die Gefahr, dass die **Notwendigkeiten einer wirksamen strategischen Ausrichtung des Verhaltens vieler Menschen auf die Erreichung einer nachhaltigen Entwicklung** hinter einem für jeweils aktuelle Krisen **kurz- bis mittelfristig notwendigen Krisenmanagement** – beispielsweise die weltweite Coronavirus-Pandemie betreffend – zurückstehen. Es kann ein **Teufelskreislauf** in Gang kommen, wenn bedingt durch nicht nachhaltige Entwicklung die Krisen zunehmen und dieses zunehmende Krisengeschehen wiederum von der Erreichung einer nachhaltigen Entwicklung abhält, wodurch dann wiederum mehr Krisen entstehen usw. Es ist allein schon aus Gründen vorausschauender Vorsicht damit zu rechnen, dass je länger nicht ernsthaft wirksam nachhaltige Entwicklung vorangetrieben wird,

- es **umso schwieriger** sein wird, Handeln und Verhalten umzustellen,
- umso **weniger Handlungsspielräume** bestehen, die Entwicklung nachhaltig auszurichten, und
- die Entwicklung **stärker reaktionistisch als aktionistisch** geprägt sein wird.

Vor diesem Hintergrund insgesamt ist es unseres Erachtens richtig, auch an dieser Stelle einmal mehr zu fordern, dass **jetzt eine nachhaltige Entwicklung beginnt** und zwar so, dass

- **möglichst viele Menschen** durch persönliches Verhalten und in Ihrer Funktion und Verantwortung in der und für die Gesellschaft **an nachhaltiger Entwicklung mitwirken,**
- auf allen Ebenen **geeignete Ziele auch tatsächlich wirksam verfolgt werden** – neben sozialen Zielen insbesondere mit Blick auf eine hohe Biodiversität und die Halbierung der weltweiten CO_2-Emissionen Dekade für Dekade in den kommenden Jahrzehnten –

- möglichst **viele der wesentlichen Handlungsfelder parallel wirksam ange-
gangen werden;** wie nach Deckert und Saß (2020) auf einer persönlichen
Ebene beispielsweise Bewegung, Ernährung, Konsum, Besitz, Energie und
Engagement (#BEKBEE).

Mit diesem *essential* möchten wir – hoffentlich auch für eine grundlegende Entwicklung in der Breite als Antwort auf die großen Herausforderungen unserer
Zeit – einen unterstützenden und orientierenden Beitrag dazu leisten, dass

- ausgewählte **aktuelle und auch länger zurückreichende Wissens- und Erfahrungsschätze der Menschheit** herangezogen werden können und
- Menschen **Hinweise auf erlernbare Aspekte von Charisma** erhalten, um
auf dieser Basis stellenweise beginnende Entwicklungen gegebenenfalls von
Mensch zu Mensch wirksamer ausbreiten zu können.

Hiermit kann sich die Menschheit einmal mehr **für anstehende Veränderungen wappnen,** insoweit **der Weg aus der Krise zugleich ein Weg nachhaltiger
Entwicklung ist und umgekehrt.**

Anspruch und Wirklichkeit

2

▶ In der Coronavirus-Pandemie, die sich seit Beginn des Jahres 2020 weltweit ausbreitet, wird recht unmissverständlich deutlich: Persönliche Rufe danach, seine gewohnten Lebensumstände und die Freiheit vor der Krise vollumfänglich wiedererlangen zu wollen, verhallen vielfach im Angesicht eines verantwortlichen Umgangs mit der Krise. Journalisten, die danach fragen, wann wir unser Leben wiederbekommen, erhalten keine verlässlichen Antworten. Verantwortungsvolle Politiker hören geduldig der Wissenschaft zu, um vernünftige Wege in die Zukunft zu finden und zu beschreiten. Es kann noch viele Jahre dauern, bis die Gefährlichkeit des COVID19-Virus und mögliche Spätfolgen auch bei denjenigen, die eine erste Infektion glimpflich überstanden haben oder zu haben scheinen, durch die Wissenschaft aufgeklärt werden. Und auch mögliche Zusammenhänge zwischen zunehmender Umweltzerstörung und dem Ausbruch von Pandemien sind noch nicht ausreichend erforscht (Arvay, 2020). Dies ist keine „Panikmache", sondern eine **sachliche Einordnung des Problems.** Und das ist vielleicht der zentrale Punkt, den wir aus dieser Krise mitnehmen können: Wir sind **jederzeit mit der Geltung von Naturgesetzen – die beispielsweise auch die Verbreitung eines Virus bestimmen – konfrontiert.** An Naturgesetzen wie diesen kommen wir nicht vorbei. **Wir können uns als Menschen also stets nur in einem vorgegebenen Rahmen entfalten.** Dies sollten wir wertschätzen und gegebenenfalls auch den eigenen „Anspruch" an unser Leben hieran ausrichten. Es ist gut und richtig, sich mit diesem Rahmen auseinanderzusetzen.

Verbunden mit großen gesellschaftlichen Herausforderungen sehen wir uns **als Menschheit vor einer grundlegenden Entwicklung auf dem Planeten Erde.**

© Der/die Autor(en), exklusiv lizenziert durch Springer Fachmedien Wiesbaden GmbH, ein Teil von Springer Nature 2021
R. Deckert und H. Müller, *Mit Charisma aus der Krise*, essentials,
https://doi.org/10.1007/978-3-658-36249-2_2

Jeder von uns steht jeden Tag neu vor der Entscheidung, ob wir Zuschauer dieser Entwicklung oder Akteure wirksamer Veränderung sein wollen. Hierbei geht es im Kern darum, welchen **Anspruch** wir **an unser Leben und an das, was wir positiv auslösen,** haben und inwieweit wir **für unser Handeln** gemeinsam mit anderen **den Anspruch auf nachhaltige Entwicklung Wirklichkeit werden lassen** können und wollen.

2.1   Nachhaltige Entwicklung

Folgender Überblick zeigt ausgewählte Informationen rund um nachhaltige Entwicklung auf.

Ausgewählte Informationen rund um nachhaltige Entwicklung

- Hans Carl von Carlowitz (1713, S. 105) verwendet im Jahre **1713** in der Sylvicultura Oeconomica den Ausdruck „nachhaltende Nutzung" bezogen auf Wald. Die Sächsische Landesbibliothek – Staats- und Universitätsbibliothek Dresden bietet für historisch Interessierte freien Online-Zugang zu der Seite der Sylvicultura Oeconomica, auf der von Carlowitz (1713, S. 105) den Ausdruck „nachhaltende Nutzung" verwendet: https://digital.slub-dresden.de/werkansicht/dlf/85039/127/0/ (abgerufen am 14.08.2021).
- Der von Meadows et al. (1972) stammende Bericht an den Club of Rome zeigt bereits **1972** eindrucksvoll mögliche Konsequenzen des Umgangs der Menschen mit den begrenzten Ressourcen des Lebensraums Planet Erde auf. Dieser Bericht ist hier unter diesem Link http://www.donellameadows.org/wp-content/userfiles/Limits-to-Growth-digital-scan-version.pdf (abgerufen am 14.08.2021) einzusehen.
- Im Jahre **1987** wird aus der UN-Konferenz in New York heraus der online unter diesem Link https://sustainabledevelopment.un.org/content/documents/5987our-common-future.pdf (abgerufen am 14.08.2021) einsehbare sogenannte Brundtlandbericht „Our Common Future" veröffentlicht.
- In Rio de Janeiro entsteht im Jahre **1992** verbunden mit der UN-Konferenz über Umwelt und Entwicklung das hier https://unfccc.int/res

ource/docs/convkp/convger.pdf (abgerufen am 14.08.2021) hinterlegte Rahmenübereinkommen der Vereinten Nationen über Klimaänderungen (Klimarahmenkonvention).

- Randers (2012) – einer der Autoren des Berichts an den Club of Rome im Jahr 1972 (siehe oben) – legt Im Jahr **2012** einen weiteren Bericht mit möglichen Entwicklungen für die 40 Jahre bis 2052 vor.
- Zusammengefasst im fünften Sachstandsbericht des Weltklimarates im Jahr **2014** zeigen die Analysen – auf einer sehr breit durch Wissenschaftlerinnen und Wissenschaftler getragenen Basis – auf, dass der Mensch den Klimawandel verursacht (IPCC, 2014). Der Syntheseberi cht geht auf **voraussichtliche zukünftige Klimaänderungen, Risiken und Folgen** sowie **Pfade für Anpassung, Minderung und nachhaltige Entwicklung** in der Zukunft ein (IPCC, 2014), wie hier http://www.de-ipcc.de/media/content/IPCC-AR5_SYR_barrierefrei.pdf (abgerufen am 14.08.2021) einzusehen ist.
- Im Jahre **2015** erfolgt auf Basis eines Modells zu planetaren Grenzen die Bewertung, dass **vier von neun untersuchten Grenzen bereits überschritten** sind (Steffen et al., 2015b; PIK, 2015).
- Im Jahre **2015** legen die Vereinten Nationen die Agenda 2030 und **17 Sustainable Development Goals (SDG)** vor.
- Die steigende Temperatur auf der Erde kann an bestimmten Punkten (sogenannten ‚Tipping Points') negative Entwicklungen auslösen wie sich bezogen auf die – auf der Weltklimakonferenz in Paris **2015** vereinbarte – Temperaturerhöhung von maximal 1,5°-2° Celsius über vorindustrielle Temperatur zeigen lässt (Schellnhuber et al., 2016): Hier https://www.forum-csr.net/News/10852/Die-wichtigste-Grafik-der-Klimawissenschaft.html (abgerufen am 14.08.2021) kann als Abb. 2 eine Graphik aus Schellnhuber, Rahmstorf und Winkelmann (2016) eingesehen werden und dort ist beispielsweise zu sehen, dass **Korallenriffe** voraussichtlich bereits in der in Paris auf der Weltklimakonferenz im Jahre 2015 vereinbarten Temperaturzone verlorengehen.
- In den Jahren **2018/19** vernetzt die Bewegung Fridays for Future international insbesondere Schülerinnen und Schüler, die eine Reaktion der Menschheit auf den Klimawandel fordern.
- Beginnend im Jahre **2021** entsteht der sechste Sachstandsbericht des Weltklimarates.

▶ **Tipp** Junge Menschen wie Severn Cullis-Suzuki im Jahre 1992, Felix
Finkbeiner im Jahre 2011 und Greta Thunberg im Jahre 2018 beein-
drucken mit ihrem Einsatz für nachhaltige Entwicklung auf internatio-
nalen Konferenzen (vgl. Videos im Internet).

Im Mittelpunkt eines normativen „Kompass für die Große Transformation zur
Nachhaltigkeit in einer digitalisierten Gesellschaft" findet sich nach WBGU
(2019, S. 3) die **Würde des Menschen** verbunden mit *Erhaltung der natürlichen
Lebensgrundlagen, Teilhabe* und *Eigenart bzw. Vielfalt als Ressource.* Hieran –
und auch an weiteren Gedanken wie beispielsweise von Lesch und Kamphausen
(2018) – zeigt sich, **mit wie grundlegenden Überlegungen der Ereignis-,
Gedanken- und Handlungskomplex einer nachhaltigen Entwicklung heute verbunden ist.** Es besteht **großer Handlungsdruck** in Richtung von Maßnahmen,
die dem Klimawandel und weiteren Fehlentwicklungen erfolgreich entgegen-
wirken. Dies gilt trotz in Teilen gegenteiliger Behauptungen im Rahmen der
gesellschaftlichen Debatte, die den Klimawandel – wie durch den Weltklimarat
analysiert und dargelegt – abstreiten und sich damit einschlägiger Wissenschaft
entgegenstellen. Der WBGU (2019, S. 1 ff.) gibt Handlungsempfehlungen in den
folgenden Feldern

- Erhaltung der natürlichen Lebensgrundlagen
- Armutsbekämpfung und inklusive Entwicklung
- Arbeit der Zukunft und Abbau von Ungleichheit
- Zukunftsbildung
- Big Data und Privatsphäre
- Fragilität und Autonomie technischer Systeme
- Ökonomische und politische Machtverschiebungen
- Global Governance für die nachhaltige Gestaltung des Digitalen Zeitalters

integriert im Konzept einer *„digitalisierten Nachhaltigkeitsgesellschaft"*, das mit
drei „Dynamiken des Digitalen Zeitalters" – „Digitalisierung für Nachhaltigkeit",
„Nachhaltige digitalisierte Gesellschaften" und „Die Zukunft des *Homo Sapi-
ens*" – sowie zugehörigen Potenzialen und Risiken verknüpft ist. Gerade auch
vor dem Hintergrund **Digitalisierung** und **nachhaltige Entwicklung** als Hand-
lungsrahmen verbunden zu denken ist es gut und richtig, sich vor Augen zu
führen, dass das Internet selbst heute einen nicht unerheblichen Einsatz an Ressourcen und Energie erfordert (Lange & Santarius, 2018) bzw. die Verarbeitung
und Speicherung von Daten mit hohem Energiebedarf einhergeht sowie digitale
Geräte und Infrastruktur sehr hohen Materialbedarf und negative Folgewirkungen

aufweisen (WBGU, 2019). Auch insoweit müssen **Kreislaufwirtschaft, Effizienz** und **Suffizienz** – auch **verknüpft mit Digitalisierung und Industrie 4.0** wie sich beim WBGU (2019, S. 160 ff.) findet – als **nicht aufschiebbare Anliegen** gesehen werden und **wirksam unser aller Handeln leiten.**

▶ **Tipp** Aus der **Coronavirus-Pandemie** heraus lassen sich vielfältige Überlegungen für die Zukunft anstellen, wie sich beispielsweise in diesem Dokument aus Richtung der Technischen Universität München https://mediatum.ub.tum.de/doc/1548492/1548492.pdf (abgerufen am 22.10.2021) nachlesen lässt. Im Abschnitt zu **Nachhaltigkeit** finden sich hierin beispielsweise auch **Gedanken und Forderungen zur Philosophie** verbunden mit folgender Feststellung: „Philosophie ist seit der Antike der Ursprung der Wissenschaften" (Mainzer, 2020, S. 26).

Bei all dem, was wir vor uns sehen, und bei all dem, was wir tun können und tun werden, kann es nicht schaden, sich stets **Zuversicht** und **Hoffnung** zu bewahren. Hierzu passt die Empfehlung eines der Autoren des ersten Berichts an den Club of Rome vierzig Jahre danach:

„Learn to Live with Impending Disaster without Losing Hope" (Randers, 2012, S. 351).

Jeder kann heute vieles lernen, was dafür, diesen Weg in der Gemeinschaft möglichst **zuverlässig** zu beschreiten, hilfreich sein kann. Folgt man den Gedanken von Scharmer (2018), dann führt die Orientierung primär an **Neugier, Mitgefühl** und **Mut** in eine gute Richtung, die Orientierung primär an **Ignoranz, Hass** und **Angst** in keine gute Richtung. Ausgehend von „Alle sind gefragt!" (Deckert, 2021, S. 22 f.) lautet die Antwort auf „Wer wird die Arche bauen?" (Davis, 2011, S. 60 ff.): Alle gemeinsam! Dies mag utopisch anmuten und zugleich könnte Davis (2011) Recht behalten:

„In bin daher der Ansicht, daß wir uns allein durch die Rückkehr zu einer explizit utopischen Denkweise Klarheit verschaffen können über die Mindestvoraussetzungen für die Aufrechterhaltung der menschlichen Solidarität im Angesicht des Zusammenspiels unterschiedlicher planetarer Krisen." (Davis, 2011, S. 89 f.)

Für die folgenden Abschnitte haben wir unseres Erachtens für unsere Zukunft wichtige Gedanken und Hinweise ausgewählt. Dabei beginnen wir mit Wissens-

und Erfahrungsschätzen der Menschheit, die in der Zeitgeschichte schon länger zurückreichend zu verorten sind.

2.2   Philosophische Grundlagen

Die Anfänge der westlichen Philosophie liegen im Dunkeln, aber man kann davon ausgehen, dass im antiken Griechenland des 6. Jahrhunderts v. Chr. damit begonnen wurde, die bisherigen religiösen oder auch dichterischen, zumeist auf Mythen beruhenden Erklärungsmuster zu hinterfragen (Reisch, 2018, S. 9 ff.). Vermutlich waren es vor über 2500 Jahren die sozio-kulturellen Umstände eines tiefgreifenden **gesellschaftlichen Umbruchs,** der die Entstehung einer **alternativen Denkweise** befördert und dazu geführt hat, dass die Menschen ihr Leben und die Welt stärker rational zu deuten versuchten. Dieser Umbruch betraf zum einen die **politische Organisation** des Gemeinwesens, die zur allmählichen Entmachtung der adligen Vorherrschaft führte und schließlich die **Polis** als zentrale Institution hervorbrachte, in der die Bewohner direkt ihre Regierung kontrollierten. Zum anderen aber begann in der Mitte des 8. vorchristlichen Jahrhunderts eine Phase des **wirtschaftlichen Aufschwungs,** im Zuge dessen an den Küsten Kleinasiens und Unteritaliens immer mehr **griechische Kolonien** entstanden. Es sind diese neu gegründeten Städte, die als multikulturelle Handelspunkte die Geburtsstunde der abendländischen Philosophie begünstigt haben. Ihre frühesten bekannten Vertreter stammen aus Milet an der heutigen türkischen Westküste und beschäftigen sich vor allem mit den Gesetzmäßigkeiten der **Natur.** Daher werden Thales (ca. 624 – ca. 546 v. Chr.) und seine Nachfolger auch als **Naturphilosophen** und ihr Denken aufgrund ihrer regionalen Herkunft auch als **ionische Philosophie** bezeichnet.

Eine andere Bezeichnung für diese Gruppe von Denkern, zu denen auch Pythagoras von Samos (ca. 570-nach 510 v. Chr.) gehört, ist **Vorsokratiker,** was darauf verweist, dass sie quasi eine Vorstufe bilden. Und tatsächlich greift die Philosophie im Verlauf des 5. Jahrhunderts auch auf das konservativere griechische Festland über und bringt in Athen mit **Sokrates** (469-399 v. Chr.) einen Vertreter hervor, der das philosophische Denken des Abendlandes nicht nur grundlegend beeinflusst hat, sondern es auch durch ganz neue Impulse bereichert. Auch Athen hatte seit dem 7. Jahrhundert einen **gesellschaftlichen Wandel** durchlebt und nach der langen kriegerischen Auseinandersetzung mit den Persern, in der Athen eine führende Rolle einnahm, mit der Demokratie eine Staatsform etablieren können, deren Funktionsweise und grundlegender Gedanke bis in die Gegenwart ausstrahlen.

In dieser politischen Gemengelage stellt Sokrates das **menschliche Handeln** in den Mittelpunkt seines philosophischen Denkens und stellt die Forderung auf, dass es dafür allgemeingültige Maßstäbe und daraus abzuleitende Regeln, also Normen, geben müsse. Gleichzeitig entwickelt er mit dem **dialogischen Gespräch,** das er tagtäglich auf der Agora, dem Marktplatz seiner Heimatstadt praktiziert haben soll, einen möglichen produktiven **Erkenntnisweg,** der bis heute in der philosophischen Praxis und Beratung Anwendung findet.

Bekanntermaßen hat Sokrates selber keine schriftlichen Zeugnisse verfasst, sondern alles, was wir über ihn Wissen, haben wir seinem Schüler **Platon** (427-347 v. Chr.) zu verdanken, der das Wirken des Sokrates in seinen Schriften nachzeichnet. Dieser fasste jedoch nicht nur die Erkenntnisse seines Lehrers zusammen, sondern reicherte sie mit eigenen Überlegungen an und schuf damit das erste zusammenhängende **System** der Philosophie. Zudem begründete Platon mit der **Akademie** eine philosophische Schule, die bis in das 6. nachchristliche Jahrhundert Bestand hatte und Namensgeber für verschiedene Arten wissenschaftlicher Beschäftigung geworden ist. Die zentrale Bedeutung Platons für die Philosophie hat im 20. Jahrhundert der britische Philosoph und Mathematiker Alfred North Whitehead (1861–1947) auf den Punkt gebracht, als er sagte, die weitere Philosophiegeschichte sei nur eine „Reihe von Fußnoten zu Platon" (Rasche, 2018, S. 123).

Einer der prominentesten Schüler der Akademie Platons war **Aristoteles** (384-322 v. Chr.), der sich später bewusst von seinem Lehrer absetzte und mit dem Lykeion eine Konkurrenzeinrichtung gründete, nachdem er eine Zeit lang als Lehrer Alexander des Großen gewirkt hatte. Aristoteles' Bedeutung für die Philosophie ist ähnlich groß wie die Platons, wobei der Jüngere sich dadurch auszeichnete, dass er mit der **Logik** eine eigene Disziplin geschaffen hat und versuchte, den Wissensbestand in seiner Zeit in verschiedene Einzelwissenschaften zu systematisieren. Mit seinem dezidiert empirischen Ansatz ist Aristoteles auch den Gesetzmäßigkeiten der Natur auf den Grund gegangen. Aristoteles und der von ihm geprägte Ethos-Begriff werden in Kap. 3 dieses *essentials* eine wichtige Rolle spielen.

Seit dem 3. Jahrhundert bestimmen die beiden philosophischen Schulen der **Stoa** und des **Epikureismus** die weitere Entwicklung der Philosophie, da sie den Menschen mit ihrer Ausrichtung auf die **Ethik** zur Umbruchzeit des Hellenismus Halt zu geben versuchten. Epikur (ca. 341-271/70 v. Chr.) wollte mit seiner Lehre eine bestimmte Art der **Lebensführung** vermitteln, mit dem das oberste Ziel der „Lust" erreicht werden kann. Allerdings verstanden die Epikureer darunter nicht einen stumpfen Hedonismus, sondern das Freisein von Schmerzen. Dazu sollten seine Anhänger eine Form des seelischen Gleichmuts, der sogenannten **Ataraxie,** wörtlich übersetzt „Unerschütterlichkeit" entwickeln und diese durch eine eher zurückgezogene, unpolitische Lebensweise verwirklichen.

Die konkurrierende Philosophie der **Stoa,** die nach der Säulenhalle auf dem Marktplatz Athens benannt wurde, in der ihr Gründer Zenon von Kition (333/332-262/61 v. Chr.) lehrte, strebt ein Leben gemäß der **Vernunft** an und versuchte gerade in unruhigen Zeiten eine Anleitung zur **Gelassenheit** zu geben. Aktuell erlebt insbesondere die Stoa gerade so etwas wie eine Renaissance. Die vier bereits in der Antike geprägten stoischen Tugenden **Weisheit, Mut, Gerechtigkeit und Mäßigung** scheinen gut zu den Herausforderungen unserer aktuellen Zeit zu passen. Tatsächlich waren viele Stoiker in der Antike **politisch aktiv** und zogen sich – im Gegensatz zur rivalisierenden Schule des Epikureismus – nicht aus der Welt zurück. Die Stoiker sollten auch die einzigartige Gabe des Menschen, die **Vernunft,** nutzen und die Jugend erziehen, um die Welt zu einem besseren Ort zu machen (Müller, 2021).

Bereits in der antiken Philosophie wurde die zentrale Frage diskutiert, ob die Handlungen eines Menschen vom Schicksal vorherbestimmt sind, so dass er nicht für seine Handlungen verantwortlich gemacht werden kann, so auch von dem berühmten römischen Redner **Cicero** (106-43 v. Chr.); Cicero spricht sich schließlich für den **freien Willen** des Menschen als Entscheidungsgrundlage unseres Handelns aus.

▶   **Tipp** Wichtige Grundlagen der Stoa wie der Leitgedanke **Lebe im Einklang mit der Natur** oder auch der Aufruf zu mehr Gelassen-heit scheinen den Zeitgeist des 21. Jahrhunderts zu treffen. Vor allem im World Wide Web finden sich zahlreiche Websites und Blogs, die sich mit dem modernen Stoizismus auseinandersetzen. Manche der modernen Stoiker verstehen ihre Art, den Stoizismus zu praktizieren, als Synonym für Vegetarismus oder Umweltschutz, aber sicherlich ist es der entscheidende Punkt der persönlichen Verantwortung, der als Leitfaden für Unternehmen wie auch für uns alle hilfreich sein kann.

Bereits die Philosophie des Altertums verstand sich von ihren Ursprüngen an auch immer als **praktische Lebenshilfe.** So preist der ansonsten für seine nüchternen Analysen bekannte Cicero die Philosophie in geradezu hymnischer Manier in der Vorrede zu Buch 5 seiner Tusculanae disputationes („Gespräche in Tusculum") als „O vitae philosophia dux", als „Führerin des Lebens" (Cic, *Tusc.* 5,5, Krüger, 2010, S. 21 f.).

Nicht umsonst fallen die Entstehung und Weiterentwicklung der Philosophie, wie wir sie in der gebotenen Kürze in Auszügen skizziert haben, in Phasen zunehmender **gesellschaftlicher Komplexität** und **krisenhafter Entwicklungen.** Auch die weitere neuzeitliche Entwicklung bis zum heutigen Tag zeigt, dass Umbrüche und **Krisensituationen** geeignete Anlässe sein können, das eigene Handeln zu reflektieren und liebgewonnene Gewohnheiten zu hinterfragen.

2.3 Umgang mit Krisen

Ausgehend von „Never waste a crisis" von Barack Obama führt Hofmann (2020) wie folgt in Denkanstöße für die Zeit nach der Coronavirus-Krise ein:

> „In Zeiten der Corona-Pandemie [...]. Diese globale Zäsur legt die Schwächen der Welt bloß, offenbart aber auch neue Entwicklungspotenziale für die Gesellschaft und enorme Chancen für die nachhaltige Stärkung des Wissens- und Wirtschaftsstandorts Deutschland. Diese nach der Krise zu nutzen, verlangt alles von uns ab, den unbedingten **Erneuerungsmut der Politik**, die **Transformationsfähigkeit und die kreative Kraft der Universitäten**, die **Umsetzungsfähigkeit** und die **Beweglichkeit der Wirtschaft** und eine **verantwortungsvolle Gesellschaft** als tragfähiges **Fundament eines gemeinschaftlichen Innovationsansatzes**, der sich nicht durch fachliche, institutionelle oder gedankliche Grenzen einschränkt. [Hervorhebungen ergänzt]" (Hofmann, 2020, S. 4)

Die Coronavirus-Pandemie und mögliche weitere Krisen in der Zukunft bergen die Chance als **globaler Weckruf** zu wirken, um global eine nachhaltige Entwicklung zu initiieren und zu erreichen. Es ist davon auszugehen, dass eine nachhaltige Entwicklung sicherlich nicht von selbst und ohne unser Zutun eintritt und solange nicht wirksam nachhaltig gehandelt wird, sind wohl wiederholt weitere Krisen zu erwarten. Wir werden wohl etwas darüber lernen, wie deutlich die Botschaft an die Menschheit sein muss, damit tatsächlich etwas geschieht. Es ist u. E. für jeden von uns **gut und richtig, persönlich ins Handeln zu kommen;** und zwar zu Handlungsfeldern wie nach Deckert und Saß (2020) beispielsweise Bewegung, Ernährung, Konsum, Besitz, Energie und Engagement (#BEKBEE). Dabei sollten auch übergreifende **Ziele** im Auge behalten werden und diejenigen, die handeln, können durch **Taktiken verbunden mit Charisma** weitere Menschen auf ihrem Weg mitnehmen.

▶   **Tipp** Das Verhältnis insbesondere zur Natur auf eine neue Grundlage
     stellen wollen auch 300 führende Denker, die im sogenannten zwei-
     ten konvivialistischen Manifest des Jahres 2020 das Zusammenleben
     der Menschen untereinander stärker solidarisch gestalten und auch
     ökologische Verantwortung bewusster verankern wollen (Müller, 2021,
     S. 46). Das **zweite konvivialistische Manifest** kann hier unter diesem
     Link https://www.transcript-verlag.de/media/pdf/72/77/a1/oa9783839
     453650.pdf (abgerufen am 18.11.2021) eingesehen werden (Die konvi-
     vialistische Internationale, 2020). Mit dem Tipp zu diesem Link geht es
     uns nicht darum, sich stets und unter allen Umständen gegen eine –
     in wohlüberlegten Bereichen sowie unter wohlüberlegten Rahmenbe-
     dingungen und Grundsätzen – auch neoliberal geprägte gesellschaft-
     liche Ordnung auszusprechen; wie man verbunden mit dem Untertitel
     des zweiten konvivialistischen Manifestes vielleicht vermuten könnte.
     Es geht uns darum, dass vielfältige Ansätze wertvolle Gedanken bei-
     tragen können, zu denen unseres Erachtens auch der *Konvivialismus*
     als eine aktuelle Denkströmung und eine „Philosophie der Kunst des
     Zusammenlebens" (Die konvivialistische Internationale, 2020, S. 16)
     gehört. Wenn wir hiermit eine Botschaft oder ein Plädoyer verbinden,
     dann dieses: Lasst uns gemeinsam offen sein für Vielfalt an Menschen
     und Kulturen sowie für Vielfalt an Gedanken.

2.4   Zielorientierung

Bereits seit Mitte des 20. Jahrhunderts wird – seinerzeit im Rahmen betriebs-
wirtschaftlicher Zielforschung – **zu Zielinhalten kontrovers diskutiert** (Deckert,
2006) und dies erfolgt bis in die heutige Zeit beispielsweise verbunden mit
der Kontroverse zu Stakeholder-Perspektive vs. Shareholder Perspektive im
Strategischen Management (de Wit & Meyer, 2014). „**Große gesellschaftliche Herausforderungen** [Hervorhebung ergänzt]" (Wissenschaftsrat, 2015, S. 5)
zeigen heute deutlich Notwendigkeiten dahingehend auf, aktiv, engagiert und
wirksam zu den **Sustainable Development Goals (SGD)** der Vereinten Nationen
beizutragen. Für **Unternehmen** gilt es vor allem ausgewogen und im Sinne des
Großen und Ganzen **ökonomische, ökologische und soziale Ziele** zu integrie-
ren (Pufé, 2014) sowie nach Möglichkeit **Effizienz, Suffizient und Konsistenz
(Kreislaufwirtschaft)** in das strategische Management einzubeziehen (Schaltegger, 2013). Für **öffentliche Verwaltungen** findet sich im Zusammenhang mit

einer Steuerung von Verwaltungen über Ziele die Feststellung einer **Strategie-lücke,** die insbesondere als **Digitalisierungshindernis** wirken kann (Deckert, 2019a). Diese Feststellung ist auch insoweit wesentlich, als dass nachhaltige Entwicklung und Digitalisierung – wie weiter oben bereits festgestellt – verbunden zu betrachten sind.

Insoweit **Ziele letztlich durch Menschen formuliert, gesetzt und verfolgt werden,** ist eines offensichtlich: Menschen können, wollen oder dürfen unter verschiedenen Rahmenbedingungen nicht ohne weiteres für das Große und Ganze notwendige Ziele setzen und wirksam verfolgen. Für umso wichtiger kann man es erachten, dass Menschen sich ernsthaft fragen, was sie vielleicht durch eine „persönliche Entfaltung in Gemeinschaft" (Deckert, 2019b, S. 32) erreichen möchten.

▶   **Tipp** Der Gedanke **„persönliche Entfaltung in Gemeinschaft"** (Deckert, 2019b, S. 32) lässt sich gut an Überlegungen von Hüther (2011) anschließen dazu, dass wir **Wachstum** und **verbunden sein** als zwei Erfahrungen aus dem Mutterleib in diese Welt mitbringen. In diesem Zusammenhang ist dieses Video https://www.youtube.com/ watch?v=GiJ76uzKYWs (abgerufen am 17.08.2021) spannend anzusehen. Einige Ideen für die Suche nach einem bedeutungsvollen langfristigen Ziel sind hier https://greatergood.berkeley.edu/article/item/ seven_ways_to_find_your_purpose_in_life (abgerufen am 17.08.2021) zu finden.

Mit Charisma – und dessen Einsatz für das Große und Ganze aus der Krise heraus – entfaltet sich der **Fokus** dieses *essentials* **vor allem mit Blick auf die Wirkung, die ein Mensch auf andere Menschen hat.** Hierbei sind insbesondere auch Ziele relevant, wie der nachfolgende Abschnitt zeigt. Diesem **Blick nach Außen** stellen wir hier bewusst den **Blick nach Innen** zur Seite, denn diese sollten u. E. ausgewogen zusammenwirken. Ein Komplex an Möglichkeiten, um den Blick nach Innen zu wenden, der auch wissenschaftlich untersucht wird, ist der Bereich Meditation. Diesen Bereich können wir hier nicht weiter behandeln, allerdings soll zumindest der Hinweis gegeben werden, dass es sich – Ott (2019) folgend – für die eigene Annäherung an Meditation empfiehlt, sich Motivation und Zielsetzung bewusst zu machen; und dies ohne sich derart auf ein bestimmtes Ziel zu fixieren, dass dies zum Hindernis wird und beispielsweise übermäßige Ungeduld hervorruft. Es gilt auch hier einmal mehr und verbunden mit Zielen: flexibel bleiben.

2.5   Charismatic Leadership Tactics (CLT)

Hier wird **Charisma** vor dem Hintergrund großer Herausforderungen, die – wie beschrieben – vor uns liegen, nicht theoretisch als Begriffs- und Bedeutungskategorie diskutiert, sondern der Fokus liegt hier auf **Charismatic Leadership Tactics (CLT)**, die man in gewissen Grenzen persönlich für Veränderung nutzen kann. Dies ordnet sich in das folgende Grundverständnis verbunden mit der Gedankenwelt des Aristoteles ein:

> „Charisma is rooted in values and feelings. It's influence born of the alchemy that Aristotle called the *logos*, the *ethos*, and the *pathos*; that is, to persuade others, you must use powerful and reasoned rhetoric, establish personal and moral credibility, and then rouse follower's emotions and passions. If a leader can do those three things well, he or she can then tap into the hopes and ideals of followers, give them a sense of purpose, and inspire them to achieve great things." (Antonakis et al., 2012, S. 127)

Ihren Untersuchungen legen Antonakis et al. (2012) die folgenden **zwölf Charismatic Leadership Tactics (CLT)** zugrunde:
Neun verbale CLT:

- Metaphern, Vergleiche und Analogien
- Geschichten und Anekdoten
- Kontraste
- Rhetorische Fragen
- Drei-Punkte-Listen
- Ausdrücke moralischer Überzeugungen
- Reflektionen der Gefühle in der Gruppe
- Setzen hoher Ziele
- Vermittlung von Vertrauen, dass diese erreicht werden können

Drei nicht-verbale CLT:

- Animierte Stimme
- Gesichtsausdrücke
- Gesten

Diese Taktiken können in sehr unterschiedlichen und mitunter herausfordernden Kontexten und Situationen zum Einsatz kommen. Antonakis et al. (2012) zeigen verbunden mit Forschung im Labor und im Feld, dass diese CLT wirksam sowie in gewissen Grenzen erlernbar sind und sie empfehlen, dass Führungskräfte, die sich in Richtung Charisma weiterentwickeln möchten, diese CLT **studieren** und **praktizieren** sowie eine **Strategie für deren Einsatz** entwickeln.

> „The tactics work because they help you create an emotional connection with followers, even as they make you appear more powerful, competent, and worthy of respect." (Antonakis et al., 2012, S. 128)

Die oben gelisteten CLT umfassen **Aspekte bezogen auf Ziele,** womit Zielorientierung aus dem Abschnitt zuvor generell mit angebunden ist.

▶ **Tipp** Hier https://www.youtube.com/watch?v=SEDvD1lICfE (abgerufen am 17.08.2021) findet sich ein sehenswertes Video mit John Antonakis in einem TEDx Talk.

Mit Charisma aus der Krise

3

> Das Leben vieler herausragender Persönlichkeiten wie beispielsweise Mahatma Gandhi oder Martin Luther King zeigt, dass das Gute eine Stimme braucht. Natürlich können nicht alle von uns eine solche Persönlichkeit werden. Aber – genauso selbstverständlich – kann sich jeder fragen, was man tun kann und was man tun muss, um das Gute nach vorne zu bringen. Wir betrachten dies als eine der wichtigen Aufgaben unserer Zeit; und zwar für uns alle jeden Tag. Systeme übernehmen keine Verantwortung, Menschen übernehmen Verantwortung.

Der spätantike Begriff Charisma leitet sich vom altgriechischen Verb charízesthai ab, das im Deutschen die Bedeutung schenken hat, und bezeichnet wörtlich so etwas wie eine „Gnadengabe". Die heutige Verwendung des Begriffs geht auch auf den bekannten Soziologen Max Weber (1864–1920) zurück, der darunter besondere und bemerkenswerte Eigenschaften von Persönlichkeiten versteht (Weber, 2013, S. 419 f.). Charisma kann unterschiedliche Bedeutungszusammenhänge mit einbeziehen wie eine besondere Energie oder Präsenz einer Person, aber auch ihre Entschlossenheit und ihr Selbstbewusstsein. Gerade auch bei öffentlichen Auftritten spielt charismatisches Auftreten eine wichtige Rolle (Ueding, 2001). Oft sind charismatische Personen insbesondere leidenschaftliche Vertreterinnen und Vertreter einer Sache oder Position. Nachfolgend stellen wir ausgewählte Gedanken vor und dies in der Hoffnung, dass für jede und jeden unserer Leserinnen und Leser wertvolle Hinweise dabei sind.

© Der/die Autor(en), exklusiv lizenziert durch Springer Fachmedien Wiesbaden GmbH, ein Teil von Springer Nature 2021
R. Deckert und H. Müller, *Mit Charisma aus der Krise*, essentials,
https://doi.org/10.1007/978-3-658-36249-2_3

Abb. 3.1 Die Big Five für den Weg mit Charisma aus der Krise in die Zukunft. (Quelle: https://entfaltungsa gentur.wordpress.com/2020/ 06/24/charisma/)

3.1   Die Big Five für den Weg in die Zukunft

Bei Carrier und Bailey (o. J.) im Rückgriff auf weitere Quellen findet sich verbunden mit Rhetorik der **Fünfklang Telos, Ethos, Pathos, Logos** und **Kairos.** Antonakis et al. (2012) weisen auf Ethos, Pathos und Logos von Aristoteles hin und die Ergänzung von Telos erscheint für dieses *essential* auch insoweit konsequent, als dass die bei Antonakis et al. (2012) vorgestellten zwölf Charismatic Leadership Tactics (CLT) auch Aspekte zu Zielen umfassen (vgl. Abschn. 2.5). Wir stellen in den nachfolgenden Abschnitten somit die hier so benannten **Big Five für den Weg mit Charisma aus der Krise in die Zukunft** vor (vgl. Abb. 3.1).

Wir beginnen im nachfolgenden Abschnitt mit Telos, insoweit heute zur Erreichung einer nachhaltigen Entwicklung mit Zielen wichtige Orientierungen für die Ausrichtung unseres Denkens und Handelns an der Erhaltung unseres Lebensraums Planet Erde bestehen. Wie die nachfolgenden Ausführungen zeigen, sind diese Big Five insgesamt verbunden zu betrachten.

3.2   Telos

„Die richtigen Zwecke liegen nicht auf der Straße." (Niklas Luhmann)

Mit dem Begriff des Telos beginnt der antike Philosoph **Aristoteles** seine Nikomachische Ethik und bezeichnet alles menschliche Handeln darin als zielgerichtet, da wir Menschen aufgrund unserer Vernunft dazu in der Lage sind, uns solche Ziele zu setzen. Auch für andere antike Denker ist die **eudaimonia,** die nur unzureichend mit „Glück" oder „Glückseligkeit" übersetzt werden kann und eine von äußeren Faktoren unabhängige **Selbstgenügsamkeit** meint, das erklärte oberste Ziel aller menschlicher Bestrebungen.

Zunächst erscheint uns diese Aussage allgemein nachvollziehbar zu sein, denn wer würde wohl widersprechen, dass Glück ein erklärtes Lebensziel sein kann. Doch allein so oberflächlich meinen es Aristoteles & Co. gar nicht und es ist zusätzlich dieser folgende Gedanke, der in der heutigen Zeit mit Blick auf die Notwendigkeiten zur Erreichung einer nachhaltigen Entwicklung eine besondere Aktualität erlangt: Das höchste Ziel liegt für ihn im **Handeln** selbst, und zwar im Handeln, das von einer **tugendhaften Vernunft** geleitet wird.

Moderne Denker wie Amartya Sen (1979) oder Martha Nussbaum (2011) knüpfen mit dem Capability Approach an das aristotelische Modell an und fordern, dass ein gutes Leben nicht nur eine individualistische Anlage, sondern immer auch ein **soziales Projekt** sein soll.

Heute liegen – bedingt durch die Notwendigkeiten zu nachhaltiger Entwicklung – die richtigen Zwecke vielleicht eher „auf der Straße" als zu der Zeit, in der der einleitende Ausspruch von Niklas Luhmann entsteht. Zugleich sind nachhaltige Entwicklung sowie **hohe Aufmerksamkeit und Entscheiden unter konsequentem Einzug der wesentlichen Auswirkungen des eigenen Handelns zum Wohle des Großen und Ganzen** sicherlich keine Selbstverständlichkeit. Ansonsten wären die letzten Jahrzehnte eine nicht nachhaltige Entwicklung betreffend wohl anders verlaufen.

▶ **Tipp** Hier https://www.un.org/sustainabledevelopment/sustainable-development-goals/ (abgerufen am 21.08.2021) finden sich die 17 Sustainable Development Goals beschrieben.

Mit **Telos** sprechen wir also vor allem auch ein Denken und Handeln – besser ein Denken, Fühlen und Handeln (Deckert, 2021, 2020b) – an, das **von einer Zielvorstellung ausgeht bzw. wirksam eng hiermit verbunden ist:** Will man **die Entwicklung nicht allein dem Zufall überlassen,** so machen die bestehenden Herausforderungen einer **nachhaltigen Entwicklung** heute **verlässlich wirksame Zielvorstellungen notwendig.** Diese **lassen sich** vielfach **erst langfristig verwirklichen.** Eine sinnvolle Zielsetzung ist heute mindestens in der **Halbierung der weltweiten CO_2-Emissionen alle 10 Jahre für die kommenden idealerweise vier bis fünf Jahrzehnte** zu finden; **sicherheitshalber sollte dies schneller erreicht werden.** Die sich hier und in anderen sinnvollen Zielen abbildende Langfristigkeit notwendiger Wirkungen ist ein – in diesem Fall gut begründeter – Ausgangspunkt dafür, dass die notwendige gesellschaftliche und wirtschaftliche Entwicklung sich für den gesamten Planeten Erde gedacht wohl nur langfristig erreichen lässt. Diese Annahme ist Teil der Kausal- und Wertvorstellungen, in denen bestimmte Ziele als Zwecke ihre Begründung finden (Luhmann, 1968; Deckert, 2006).

Die Annahme, dass erwünschte Wirkungen für den gesamten Planeten Erde insgesamt erst langfristig eintreten, darf nicht davon abhalten, genau jetzt sein Handeln für die Zukunft betreffend Bewegung, Ernährung, Konsum, Besitz, Energie und Engagement (#BEKBEE) deutlich zu ändern und nachhaltiger auszurichten. Aufgrund der Langfristigkeit bis zum Eintritt der Wirkungen ist es umso wichtiger, frühzeitig zu handeln. Ansonsten wird die oben im Absatz zuvor beschriebene Zielsetzung verfehlt; mit den entsprechenden Konsequenzen an stetig steigendem Krisengeschehen. Hier deutet sich bereits ein vielfältiger Zusammenhang von Zielen und Zeit an, der in Abschn. 3.6 zu **Kairos** später wieder aufgegriffen wird. Bedingt insbesondere durch das **Auftreten von Krisen** können Entwicklungen bzw. Veränderungen dann möglicherweise auch anders verlaufen als gedacht und die Annahme beispielsweise zum Zeitbezug eines Zieles kann sich ändern; das heißt: **Es ist jederzeit damit zu rechnen, dass die Veränderungen dringlicher werden (Vorsichtsprinzip!).** Die Phase, dass die globalen Herausforderungen in aller Ruhe angegangen werden können, ist lange vorbei.

Auch **bei aktuellem Krisengeschehen** – wie zum Beispiel in Form von Überschwemmungen und deren Folgen, der Coronavirus-Pandemie oder extremer Hitze – **bestehen die Notwendigkeiten nachhaltiger Entwicklung weiter.** Krisen bieten neben direkten Krisenfolgen für Leib und Leben von Menschen – vielfach tragisch und vielfach tödlich – die Gefahr, dass die Aufmerksamkeit von Menschen gänzlich weg von nachhaltiger Entwicklung allein auf die Bewältigung der jeweiligen Krise gelenkt wird. Insoweit **müssen langfristige und kurzfristige Ziele verbunden gedacht und dem Handeln zugrunde gelegt** werden. **Dies gilt einmal mehr, da nicht nachhaltige Entwicklung das Risiko erhöht, dass weitere Krisen entstehen.** Idealerweise können in der Krise verlässlich wirksame kurzfristige Ziele nicht nur der Krisenbewältigung allein zuträglich sein, sondern auch dabei helfen, die **Aufmerksamkeit stetig wirksam auf die Erreichung einer nachhaltigen Entwicklung zu richten.** Damit tragen diese Ziele wiederum dazu bei, sich auch auf zukünftiges Krisengeschehen vorzubereiten bzw. Krisengeschehen insgesamt abzumildern.

Der Einsatz von Charismatic Leadership Tactics nach Antonakis et al. (2012) umfasst insbesondere das **Setzen hoher Ziele** und die **Vermittlung von Vertrauen,** dass diese erreicht werden können. Ein wesentlicher Ausgangspunkt ist, dass Führungskräfte wahrhaftig **an die Erreichung der Ziele glauben,** die sie wirksam vertreten wollen (Antonakis et al., 2012). Genau dies ist dann auch ein wesentlicher Ausgangspunkt für die Menschen, die anderen Menschen den Weg in eine nachhaltigere Welt weisen möchten, und hierfür können dann auch weitere Charismatic Leadership Tactics (vgl. Abschn. 2.5) eingesetzt werden. So mögen beispielsweise eigene **Geschichten und Anekdoten,** die sich auf dem Weg der Erreichung eines nachhaltigeren Lebensstils im persönlichen Umfeld ereignet haben, hilfreich sein. Vielleicht entstehen auch aus Krisen wie der Coronavirus-Pandemie heraus viele Geschichten und Anekdoten, die dann wiederum dabei helfen können, aus der Krise heraus in eine nachhaltigere Entwicklung zu kommen.

▶ **Tipp** Unter diesem Link hier https://entfaltungsagentur.files.wordpr ess.com/2019/08/13_kilo_leichter_ronald_deckert_2013.pdf (abgerufen am 04.08.2020) findet sich beispielsweise eine Geschichte dazu beschrieben, wie einer der Autoren sich verbunden mit der Erreichung eines schon auch herausfordernden Zieles der Gewichtsreduktion wirksam mit seiner **Ernährung** befasst. Diese **Geschichte** kann beispielsweise auch in Auszügen Verwendung finden und insbesondere als ein Beispiel für die Initiierung von Veränderung der persönlichen Lebensweise. Was es mit der **Anekdote** auf sich hat, dass eine Gruppe fastender Menschen mit ansieht, wie ein Stück Torte in einem Schließfach eingeschlossen wird, ist dann eine andere Geschichte und diese kann im persönlichen Gespräch mit den Autoren erfahren werden.

Eine weitere Möglichkeit sind **Kontraste** zu nachhaltigem und nicht nachhaltigem Handeln beispielsweise mit Bezug zu den Handlungsfelder auf einer persönlichen Ebene nach Deckert und Saß (2020): Bewegung, Ernährung, Konsum, Besitz, Energie und Engagement (#BEKBEE). Kontraste können beispielsweise dadurch nahbar sein, dass und insoweit eine ungesunde Ernährung mit vielfältigen gesundheitlichen Folgen – im Kontrast zu einer gesunden Ernährung – zugleich auch eine nicht nachhaltige Ernährung mit einem hohen ökologischen Fußabdruck ist.

3.3 Ethos

„In Wahrheit nützt mir nicht, was mir allein nützt, sondern was dem Mitmenschen, der Gemeinschaft, der Gesellschaft nützt." (Carl Friedrich von Weizsäcker).

Um die Bedeutung des Begriffes Ethos umfassend zu verstehen, müssen wir zu **Aristoteles** zurückkehren, der in diesem *essential* bereits in Kap. 2 als einer der herausragenden Vertreter der antiken **Philosophie** vorgestellt worden ist. Wie bereits deutlich wurde, hat sich Aristoteles mit einer Vielzahl von Disziplinen beschäftigt und auch die **Redekunst** systematisch untersucht. Anders als sein Lehrer Platon und viele seiner Zeitgenossen verdammt Aristoteles die Redekunst nicht als Effekthascherei, mit der die sogenannten Sophisten, also Weisheitslehrer nur Geld zu verdienen versuchten, sondern weist ihr einen **praktischen Wert** zu. In seiner systematischen Lehrschrift zur **Rhetorik** geht Aristoteles auf die **Aufgaben des Redners** ein und gibt wertvolle Hinweise für das Verfassen einer guten Rede. Es geht ihm aber anderes als den Sophisten nicht um technische Kniffe, sondern um den **Inhalt,** der sinnvoll und vernünftig sein muss. In dieser Schrift geht der antike Philosoph auch auf die drei zentralen Begriffe **Ethos, Logos und Pathos** ein, die in diesem und den beiden folgenden Unterkapiteln genauer betrachtet werden sollen.

„Von den durch die Rede geschaffenen Überzeugungsmitteln gibt es drei Arten: Sie sind zum einen im Charakter des Redners angelegt, zum anderen in der Absicht, den Zuhörer in eine bestimmte Gefühlslage zu versetzen, zuletzt in der Rede selbst, indem man etwas nachweist oder zumindest den Anschein erweckt, etwas nachzuweisen" (Rhet. 1356a, Aristoteles, 2018, S. 17).

Damit eine Rede ihre Zuhörer tatsächlich überzeugen kann, müssen für Aristoteles also zunächst **drei Faktoren** passen:

1. der Charakter des Redners (Ethos)
2. die Gefühlslage des Publikums (Pathos)
3. der Wortlaut und die Argumentation der Rede (Logos)

Die erste Art der Überzeugung betrifft also den Vortragenden selber und wird mit dem Begriff **Ethos** bezeichnet. Diesen Begriff verwendet Aristoteles auch in anderen Schriften immer wieder (vgl. Charpenel, 2017) und er meint damit so etwas wie den **Charakter** oder auch eine **sittliche Grundhaltung,** die für das richtige Handeln im Sinne der Ethik genauso wichtig ist wie ein regelkonformes Verhalten. Gerade die zweite Bedeutung zeigt, dass die **Glaubwürdigkeit** des gesprochenen Wortes nicht zuletzt davon abhängt, inwieweit man als Redner in der Lage ist, sich als moralisches Vorbild zu etablieren und wahrgenommen zu werden (Ueding, 2001). Aristoteles drückt dies wörtlich folgendermaßen aus:

„Durch den Charakter geschieht dies [den Zuhörer in eine bestimmte Gefühlslage zu versetzen], wenn die Rede so dargeboten wird, dass sie den Redner glaubwürdig erscheinen lässt. Den Anständigen glauben wir nämlich eher und schneller, grundsätzlich in allem, ganz besonders aber, wo es eine Gewissheit nicht gibt, sondern Zweifel bestehen bleiben". (Ar. Rhet. 1356a, Aristoteles, 2018, S. 17 f.).

Gerade in **Krisenzeiten** nehmen also die **Persönlichkeit** und die **Glaubwürdigkeit** eine entscheidende Rolle ein. Charismatischen Leadern wie seinerzeit Steve Jobs gelingt es bei ihren Auftritten wohl durchaus, die Rolle eines **moralischen Vorbildes** einzunehmen (Heracleous & Klaering, 2014).

Damit man als Vorbild auch glaubwürdig wahrgenommen wird, muss man laut Signorello (2019) neben charakteristischen stimmlichen Eigenschaften drei Aspekte als **Unterarten des Ethos** erfüllen:

1. **Wohlwollen** *(benevolence)* als Tendenz, im öffentlichen und nicht im eigenen Interesse zu handeln,
2. **Kompetenz** *(competence)* als Fähigkeit zu planen und vorauszuschauen sowie
3. **Dominanz** *(dominance),* also die Fähigkeit, sich durchzusetzen zu können.

Gerade der Aspekt des **Wohlwollens** als „concern for the well-being of other persons than oneself" (Capalletti et al., 2010, S. 263) wird in Krisenzeiten auch im Managementkontext immer bedeutsamer. Wohlwollen erreicht der Redner Mück und Zimmer (2017) folgend auch dadurch, dass er mit dem Publikum in **Interaktion** tritt und auf **Gemeinsamkeiten** zwischen ihm und den Zuhörern hinweist. Dabei muss er in seinen Ausführungen **Authentizität** ausstrahlen und **Empathie** beweisen (Mück & Zimmer, 2017).

3.4 Logos

„Die Vernunft formt den Menschen, das Gefühl leitet ihn." (Jean-Jacques Rousseau)

Der Begriff des Logos steht am Beginn der philosophischen Beschäftigung, da er als Gegenbegriff zum Mythos die Hinwendung zur Vernunft und zum **rationalen Denken** kennzeichnet. Sprachlich leitet er sich vom altgriechischen Verb légein ab, was u. a. so viel wie „auslesen" bedeuten kann. Zugleich unterscheidet der Logos den Menschen von anderen Lebewesen wie den Tieren (Rese, 2003, S. 1 und 19). Doch der Begriff ist tatsächlich weitaus komplexer und insgesamt schwer zu greifen. Einen Eindruck über die Bedeutungsvielfalt es Wortes gibt die folgende Einordnung:

„Der logos war in der antiken Vorstellung mehr als nur das Wort, mehr als Sprache. Er besteht vielmehr aus einem Konglomerat aus Beutungsclustern wie vernunftbezogener Gedankengang, sinnvolle Idee, Darstellung durch Sprachgebrauch, Sprechhandlung und durch Sprache erschaffenes Werkzeug" (König, 2011, S. 75).

Auch bei Aristoteles kann der Begriff Logos sowohl die Bedeutungen „Rede" als auch „Vernunft" haben; insofern wird mit Logos im Rahmen seines Werkes zur Rhetorik (in dem „Logos" übrigens mehr als 300 mal verwendet wird!) vor allem auch der Intellekt angesprochen und er kann auch für ein **stringentes Argument** stehen.

Aristoteles sieht in der Rhetorik ganz konkret eine „Selbsthilfeeinrichtung des lógos oder des vernünftigen Standpunktes" (Rapp, 1999, S. 194). Er möchte, dass sich die **Wahrheit** am Ende durchsetzt und das Publikum, das grundsätzlich zur Erkenntnis des Wahren und Guten fähig ist, nicht durch sophistische Kniffe getäuscht wird. Ganz konkret beklagt er solche Praktiken im **politischen Kontext** und macht eine Aussage, die bis in die heutige Zeit durchaus ihre Bedeutung haben kann:

„Daher schlüpfen die Rhetorik und die, die teils aus Ungebildetheit, teils aus Großtuerei und anderen menschlichen Schwächen einen Anspruch auf sie erheben, in den Mantel der Politik" (Ar. Rhet. 1356a, Aristoteles, 2018, S. 19).

Es gibt eine ganze Reihe von Instrumenten, mit denen ein Redner den Logos seiner Ausführungen stärken kann, dazu gehören z. B.

• Daten und Fakten,
• Statistiken und Tabellen,
• Expertenmeinungen,
• Studien- und Umfrageergebnisse sowie
• Forschungsergebnisse (Zimmer, 2016; Mücke & Zimmer, 2017).

Darüber hinaus kann es sinnvoll sein, passende **Beispiele** zur Veranschaulichung zu nutzen und diese entsprechend durch eingängige **visuelle Elemente** zu illustrieren.

Wir können also davon ausgehen, dass wir insbesondere in Krisenzeiten an die Vernunft appellieren müssen, und zudem selber stets solche Argumente wählen sollten, die wissenschaftlich tragbar und nachvollziehbar sind. Gleichwohl hat die Coronavirus-Pandemie einmal mehr eindrücklich gezeigt, dass sich nicht wenige Menschen in Krisenzeiten auch stark von **Emotionen** leiten lassen und Argumente vertreten, die einer wissenschaftlichen Betrachtung nicht standhalten. Dies führt uns schließlich zu den Emotionen, die der Redner ebenso wie die Vernunft ansprechen sollte.

3.5 Pathos

Und noch einmal: „Die Vernunft formt den Menschen, das Gefühl leitet ihn." (Jean-Jacques Rousseau)

Als dritten Begriff nutzt Aristoteles das Pathos, mit dem der Zuhörer in eine bestimmte Stimmung oder Haltung versetzt werden soll. Diese zu erzielende Haltung basiert auf Emotionen:

> „Mittels der Zuhörer überzeugt man, wenn sie durch die Rede zu Emotionen verlockt werden. Denn ganz unterschiedlich treffen wir Entscheidungen, je nachdem, ob wir traurig oder fröhlich sind, ob wir lieben oder hassen" (Ar. Rhet. 1356a, Aristoteles, 2018, S. 19).

Insofern wird an dieser Stelle deutlich, dass Überzeugungskraft nicht allein auf logischen Argumenten beruht, sondern vielmehr auch die **Gefühlslage** des Publikums eine entscheidende Rolle einnimmt. Schon Aristoteles sah in der Methode des Geschichtenerzählens – oder (wie wir es heute nennen) **Storytelling** – die beste Möglichkeit, dem Zuhörer Emotionen zu vermitteln; eine Erkenntnis, die Neurowissenschaftler über 2000 Jahre später durch Versuche bestätigen konnten (Gallo, 2019).

Aristoteles sah im Pathos die **emotionale Ausrichtung** einer Rede und damit ein mögliches rhetorisches **Überzeugungsmittel**. Er definiert Pathos als den Zustand des Zuhörers, der erreicht werden kann und der auch von der Fähigkeit des Redenden abhängt. Dabei geht es Aristoteles um die Frage, wie man als Redner bestimmte Emotionen verstärken oder abschwächen kann. Dies soll seiner Meinung nach aber niemals in manipulativer Form erfolgen, sondern immer im Einklang mit der Vernunft. Daher muss der Redner auch Kenntnisse haben, wie Emotionen zu erzielen sind, und er nennt dabei drei Dinge, nämlich **Lautstärke, Tonfall und Rhythmus:**

> „Hierbei geht es darum, wie man, um jeden beliebigen Affekt hervorzurufen, die Stimme einzusetzen hat, wann man sie laut, wann leise, wann mittelstark, dann in welcher Stimmlage, z. B. einer hohen, tiefen oder mittleren, schließlich, welchen Rhythmus man in der betreffenden Situation anschlagen soll. Denn drei Dinge gilt

es zu dabei zu beachten: Lautstärke, Tonfall und Rhythmus" (Ar. Rhet. 2, 1403b f.,
Aristoteles, 2018, S. 308 f.).

In unterschiedlichen Kontexten kann es auch für uns moderne Menschen als
wesentlich gelten, dass Denken, **Fühlen** und Handeln vernetzt wirken: Folgt
man Scharmer (2018) kann es für zukunftsfähige Veränderung hilfreich sein, dass
Menschen mit **Neugier** (offenem Geist), **Mitgefühl** (offenem Herzen) und **Mut**
(offenem Willen) an einen Punkt kommen, von dem aus **Denken** und **Handeln**
verbunden wirksam werden. Nach Ott (2019) befasst sich Meditation insbesondere mit **Fühlen** und mit **Denken.** Bei Sven Ole Müller (2018, S. 62) findet sich
im Kontext von Erfahrungen zur Potenzialentfaltung:

> „[...] ein Potenzialentfaltungsprozess nichts Mystisches ist, sondern aus der ganz
> natürlichen Art, wahrzunehmen und zu fühlen, heraus entsteht, die im Laufe der Evo-
> lution zugunsten kognitiver Leistungen zurückgebildet wurde. Bevor ich etwas denke
> habe ich ein Gefühl. **Fühlen, Denken, Fühlen, Handeln** – das ist die Reaktionskette.
> [Hervorhebung ergänzt]"

Gerade auch in Krisenzeiten sind Emotionen vielfach präsent und können auf
umsichtige Art und Weise auch für eine nachhaltige Entwicklung mit adressiert
werden. Dazu kann der Redner in seinen Ausführungen beispielsweise auf geeignete **Metaphern** achten. Auch durch den Hinweis auf **Visionen und Träume**
und eine höhere Bedeutung werden Emotionen des Publikums gezielt angesprochen (Mück & Zimmer, 2017). Bei Antonakis et al. (2012, S. 127) findet sich
Charisma betreffend

> „Charisma is rooted in **values** and **feelings**. [Hervorhebung ergänzt]"

In einer Zeit der Digitalisierung erscheint es zudem konsequent, hier anzuführen,
dass im Kontext von Überlegungen zu Künstlicher Intelligenz insbesondere die
dem Menschen eigene **Empathie** als unersetzbar herausgestellt wird (Zechmeister
et al., 2019).

3.6   Kairos

> „Dreifach ist der Schritt der Zeit:/Zögernd kommt die Zukunft hergezogen, /Pfeil-
> schnell ist das Jetzt entflogen,/Ewig still steht die Vergangenheit." (Schiller)

Auch der Begriff des Kairos findet sich in der aristotelischen Schrift zur Rhetorik wieder, denn laut dem antiken Philosophen ist es außerordentlich wichtig,
den richtigen Zeitpunkt für eine Aussage zu treffen. Doch der Kairos ist für Aristoteles mehr als nur ein **günstiger Zeitpunkt** und an diesem Punkt wird die
ethische Konzeption aus seinem Werk „Nikomachische Ethik" deutlich: Handeln ist immer mit Unsicherheit verbunden. Kairos kann daher auch im bewussten
Bruch mit Konventionen bestehen, um auf unvermutete und ungewohnte Situation
zu reagieren, wie sie Krisenzeiten in der Regel mit sich bringen. Hierbei erfordert
gutes Handeln „das Erkennen und das Ergreifen des rechten Augenblicks" (Ganarini, 2011, S. 71). Kairos ist nach Aristoteles aber auch Kompositionsprinzip
der Rede, um zum richtigen Zeitpunkt die angemessenen Dinge zu sagen. Dazu
gehört auch, sein Pulver sprichwörtlich nicht gleich am Anfang zu verschießen,
wenn es um die Aufmerksamkeit der Zuhörer geht:

> „Überall lässt sie [die Aufmerksamkeit] ja eher nach als am Anfang. Daher ist es
> lächerlich, dieses Bemühen nur für den Redebeginn vorzuschreiben, wenn ohne-
> dies alle noch mit höchster Aufmerksamkeit lauschen" (Ar. Rhet. 1414b, Aristoteles,
> 2018, S. 381).

Vielmehr plädiert Aristoteles dafür, den Zuhörer durch entsprechende Bemerkun-
gen im Laufe der Rede auf wichtige Passagen hinzuweisen; nur so könne das
Wohlwollen des Publikums bewahrt werden.

Mit **Kairos** sprechen wir hier ein – mit Denken und Fühlen verbundenes
(Deckert, 2021, 2020b) – Handeln mit dem Anspruch der **Wahl möglichst günstiger Zeitpunkte** an; und zwar mit Blick auf das, was man erreichen möchte. Wie
bereits in Abschn. 3.2 zu Telos deutlich wurde können begründbare Zeitbezüge
zu Zielen als Zwecken aus Kausal- und Wertvorstellungen heraus entstehen (Luhmann, 1968; Deckert, 2006). Diese und einige weitere Zeitbezüge im Kontext von
Zielen finden sich in Abb. 3.2 dargestellt.

Hierbei ist – wie sich bei Deckert (2006, S. 151) nachlesen lässt – **nicht davon
auszugehen,** dass „der Zeitbezug eines Zieles argumentiert aus der Steuerungs-
funktion immer mit einem Zeitbezug aus den Kausal- und Wertvorstellungen
(sofern derartige Zeitbezüge bestehen) synchron liegt, sondern beispielsweise
zeitlich davor […] [vgl. Abb. 3.2, 1.]. Zudem können Zeitverzögerungen dadurch
entstehen, dass die Bestimmung der Zielerreichung Zeit beansprucht […] [vgl.
Abb. 3.2, 2.]." Dieses Bild zum Zeitbezug von Zielen ermöglicht eine recht
grundlegende Einordnung.

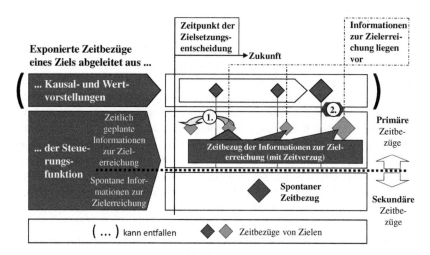

Abb. 3.2 Ausgewählte Zeitbezüge von Zielen modifiziert aus einer Abbildung bei Deckert (2006). (Quelle: https://ediss.sub.uni-hamburg.de/volltexte/2006/2789/)

▶   **Tipp** Hier https://ediss.sub.uni-hamburg.de/volltexte/2006/2789/pdf/
    DISSRD.pdf (abgerufen am 21.08.2020) kann ab Seite 149 zu weiteren
    Überlegungen zum Zeitbezug von Zielen nachgelesen werden.

Im Kontext nachhaltiger Entwicklung zeigt sich für die **Feststellung von Werten für globale Parameter zum Zustand des Planeten Erde** nicht selten ein **Zeitverzug von Jahren** bis die Werte annehmbar verlässlich erhoben wurden. Beispielsweise reichen durch den Weltklimarat mit dem fünften Sachstandsbericht im Jahre 2014 vorgelegte Werte typischerweise bis zu den Jahren 2010 oder 2012 (IPCC, 2014). Dies ist wichtig, insoweit **mit Parametern wie beispielsweise anthropogenen** – gemeint sind durch den Menschen verursachten – **Treibhausgas-Emissionen einhergehende problematische Entwicklungen mittels Werten festgestellt werden, deren Zeitbezüge schon Jahre zurück liegen.** Die Entwicklungen können sich in der Zwischenzeit gegebenenfalls auch verschärft haben. Dies sollte nicht Anlass geben, die Wissenschaft zu verurteilen, denn diese Zeitverzögerung hat den Grund, dass **der sorgfältige Umgang mit und die Verlässlichkeit von Daten in der Wissenschaft** einen hohen Wert hat. Vielmehr ist es wichtig davon auszugehen, dass Wissenschaft Erkenntnisse mit Blick auf mögliche zukünftige Entwicklungen typischerweise mit der gebotenen

Vorsicht kommunizieren wird; und dies vielleicht auch dann, wenn eine Wissen-schaftlerin bzw. ein Wissenschaftler persönlich manchmal gern deutlicher werden würde. Wissenschaftlerinnen und Wissenschaftler sowie diejenigen, die mit den Ergebnissen weiterarbeiten, können verbunden mit den in Abschn. 2.5 benannten Charismatic Leadership Tactics (CLT) überlegen, wie stets der Erkenntnislage angemessen **klare Botschaften zu Chancen und Risiken** in der Entwicklung erzielt werden, die die Gesellschaft wirksam erreichen. Und so werden ja auch **Metaphern, Vergleiche und Analogien** den Klimawandel betreffend verwendet, wie dass „die Erde Fieber hat" (und dies kann ja auch durch eine tödliche Krank-heit verursacht sein) oder dass „die Menschheit sich vielleicht gerade wie ein Frosch bei lebendigem Leibe kochen lässt, der eine langsame Temperaturerhö-hung nicht bemerkt" (Was denken Sie: Stimmt es, dass Frösche eine langsame Temperaturerhöhung nicht bemerken? Wie wichtig ist es an dieser Stelle, ob diese Geschichte stimmt oder nicht?).

Darüber hinaus kann für **exponentielle Dynamiken** (bspw. bei der Verbreitung eines gefährlichen Virus oder für Werte von Parametern im Zusammenhang mit der großen Beschleunigung, vgl. Kap. 1) frühzeitiges Handeln geboten sein und zwar dann, wenn man eine solche Dynamik in einem frühen Stadium der Ent-wicklung noch wirksam verhindern will. Verbunden mit der **rhetorischen Frage,** ob man mit dafür verantwortlich sein möchte, nicht vorausschauend und frühzei-tig gehandelt zu haben, können weitere Fragen hilfreich sein, wie beispielsweise in Form dieser **Drei-Punkte-Liste:**

- Woran denkst Du, wenn Du **in den Spiegel schaust?** Worauf bist Du dann stolz?
- Was wirst Du **in Deinen letzten Minuten auf diesem Planeten** über Dein Engagement eine nachhaltige Entwicklung betreffend denken? Worauf wirst Du dann stolz sein wollen?
- Was werden **Deine Kinder** in einigen Jahrzehnten über Dein Engagement eine nachhaltige Entwicklung betreffend denken? Worauf werden sie dann stolz sein können?

Wie man „so schön sagt": **Die Zeit läuft ab.** Viele Menschen, die sich der Situa-tion gewahr sind, werden wohl gegebenenfalls schon den vollständigen sechsten Sachstandsbericht des Weltklimarats im kommenden Jahr erwarten.

Zusammenfassung und Ausblick

Für die vor uns liegenden globalen Herausforderungen historischen Ausmaßes ist es angemessen, sich vor Augen zu führen, dass im Wissens- und Erfahrungsschatz der Menschheit zahlreiche Möglichkeiten verankert sind, diese Herausforderungen wirksam anzugehen. Dies erfolgt hier im essential – neben ausgewählten Grundlagen – durch Hinweise und Orientierungslinien entlang der von Aristoteles geprägten Begriffs- und Bedeutungskategorien **Telos, Ethos, Logos, Pathos** und **Kairos** aus der antiken Philosophie bzw. Rhetorik. Die vielfältigen Gedanken, die jeder einzelne dieser Begriffe mit sich bringt und die durch die Befassung mit diesen Begriffen ausgelöst werden können, sollen hier nicht verkürzend versucht werden weiter zusammenzufassen, denn: Das Auslösen von Denken, Fühlen und Handeln durch die Befassung mit den vorherigen Abschnitten ist ein erklärtes Ziel der Autoren. Ausgangspunkt der Überlegungen stellte hier die **Lehre zur Rhetorik von Aristoteles** dar, die bis heute **wertvolle Impulse dafür liefert, dass Menschen andere Menschen auf dem Weg in die Zukunft mitnehmen.** Zugleich führte uns das Denken rund um diese Kategorien zu weiteren anzubindenden Betrachtungen mit **Bedeutung jenseits von Rhetorik;** beispielsweise zu Zielen und ihren Zeitbezügen. Auch können aktuelle Ansätze im Denken wie beispielsweise rund um den **Konvivialismus** die vertiefende Befassung über das *essential* hinaus lohnen; ebenso wie an anderer Stelle verankerte Gedanken beispielsweise zu **„persönlicher Entfaltung in Gemeinschaft",** die dann wiederum auch mit den Mitteln der Rhetorik für das Gute im Großen und Ganzen wirksam verknüpft werden können.

Viele weitere im *essential* gegebenen Hinweise – insbesondere auch aus einer Zeit, bis zu der die Wurzeln der Demokratie als Gesellschaftsordnung zurückreichen – wären es auch im aktuellen Kontext Wert gewesen, weiter vertieft zu werden; wie beispielsweise **das dialogische Gespräch als Erkenntnisweg bei Sokrates,** der **Ansatz von Aristoteles, den Gesetzmäßigkeit der Natur auf**

R. Deckert und H. Müller, *Mit Charisma aus der Krise*, essentials, https://doi.org/10.1007/978-3-658-36249-2_4

den Grund zu gehen, der Leitsatz „**Lebe im Einklang mit der Natur**" aus der Stoa oder die **stoischen Tugenden Weisheit, Mut, Gerechtigkeit und Mäßigung.** Aber, dies ist eine andere Geschichte, die die Autoren weiterverfolgen werden.

Was Sie aus diesem *essential* mitnehmen können

- Komprimiertes Überblickswissen zu globalen Herausforderungen und philosophischen Grundlagen als Rahmen
- Gedanken rund um Charisma und die Begriffe Telos, Ethos, Logos, Pathos und Kairos zwecks Erlangung von Lösungsansätzen für die großen Herausforderungen unserer Zeit
- Vielfältige Anregungen das Denken, Fühlen und Handeln betreffend für die nachfolgende eigenständige Vertiefung durch den Leser

Literatur

Antonakis, J., Fenley, M., & Liechti, S. (2012). Learning Chrisma. Transform yourself into the person others want to follow. *Harvard Business Review, June 2012,* 127–130.

Aristoteles (2018). Rhetorik. *Griechisch/Deutsch, Übersetzt und herausgegeben von Gernot Krapinger.* reclam.

Arvay, C. (2020). *Wir können es besser machen. Wie Umweltzerstörung die Corona-Pandemie auslöste und warum ökologische Medizin unsere Rettung ist.* Bastei Lübbe/Quadriga.

BMBF – Bundesministerium für Bildung und Forschung. (2019). Natürlich. Digital. Nachhaltig. Ein Aktionsplan des BMBF. https://www.fona.de/medien/pdf/191219_Aktion splan_Natuerlich.Digital.Nachhaltig.pdf. Zugegriffen: 8. Aug. 2021.

Cappelletti, L., Khalla, S., Noguera, F., Scouarnec, A., & Voynnet Fourboul, C. (2010). Toward a new trend of managing people through benevolence? *Management & Avenir, 36*(6), 263–283.

Carrier, S., & Bailey B. I. (o. J.). Rhetorical appeals. https://www.casciac.org/pdfs/Rhetor ical_Appeals_Questions_revised.pdf. Zugegriffen: 21. Aug. 2020.

Charpernel, E. (2017). *Ethos und Praxis. Der Charakterbegriff bei Aristoteles.* Verlag Karl Alber.

Crutzen, P. J. (2011). Die Geologie der Menschheit. *Aus dem Englischen von Heinrich Geiselberger.* In P. J. Crutzen, M. Davis, M. D. Mastrandrea, S. H. Schneider, & P. Sloterdijk (Hrsg.), *Das Raumschiff Erde hat keinen Notausgang* (S. 7–10). Suhrkamp.

Davis, M. (2011). Wer wird die Arche bauen? *Übersetzt aus dem Englischen.* In P. J. Crutzen, M. Davis, M. D. Mastrandrea, S. H. Schneider, & P. Sloterdijk (Hrsg.), *Das Raumschiff Erde hat keinen Notausgang* (S. 60–92). Suhrkamp.

Deckert, R. (2006). Steuerung von Verwaltungen über Ziele – Konzeptionelle Grundlagen unter besonderer Berücksichtigung des Neuen Steuerungsmodells. Dissertation. Universität Hamburg. https://ediss.sub.uni-hamburg.de/volltexte/2006/2789/. Zugegriffen: 17. Aug. 2020.

Deckert, R. (2019a). Strategielücke als Digitalisierungshindernis in der öffentlichen Verwaltung? – Strategische Mensch-Maschine-Partnerschaft als Zukunftsbild. In A. Schmid (Hrsg.), *Verwaltung, eGovernment und Digitalisierung – Grundlagen, Konzepte und Anwendungsfälle* (S. 89–100). Springer Gabler.

Deckert, R. (2019b). *Digitalisierung und Industrie 4.0 – Technologischer Wandel und individuelle Weiterentwicklung.* Springer Gabler.

Deckert, R. (2020a). *Digitalisierung, Politik und Verwaltung – Gesellschaftliche Herausforderungen und strategische Steuerung.* Springer Gabler.

Deckert, R. (2020b). *Digitalisierung und nachhaltige Entwicklung – Vernetzt Denken, Fühlen und Handeln für unsere Zukunft* (2. Aufl.). Springer Gabler.

Deckert, R. (2021). *Auf dem Weg ins Anthropozän – Zuverlässig nachhaltige Entwicklung gestalten.* Springer VS.

Deckert, R., & Saß, A. (2020). *Digitalisierung und Energiewirtschaft – Technologischer Wandel und wirtschaftliche Entwicklung.* Springer Gabler.

De Wit, B., & Meyer, R. (2014). *Strategy – An international perspective* (5. Aufl.). Seng Lee Press.

Die konvivialistische Internationale. (2020). *Das zweite konvivialistische Manifest – Für eine post-neoliberale Welt. Reihe: X-Texte zu Kultur und Gesellschaft. Übersetzt von: Michael Halfbrodt.* transcript.

Duden. (2002). *Zitate und Aussprüche – Herkunft und aktueller Gebrauch.* Dudenverlag, Brockhaus.

Gallo, C. (2019). The art of persuasion hasn't changed in 2,000 years. *Harvard Business Review,* https://hbr.org/2019/07/the-art-of-persuasion-hasnt-changed-in-2000-years. Zugegriffen: 21. Aug. 2021.

Ganarini, G. (2011). *Kairos, der schwache Herrscher. Die Rolle des Kairos-Begriffes in der Philosophie des Aristoteles.* Masterarbeit Universität Wien. DOI: https://doi.org/10.25365/thesis.15367. Zugegriffen: 13. Juli 2021.

Heracleous, L., & Klaering, L. A. (2014). Charismatic leadership and rhetorical competence: An analysis of Steve Jobs's rhetoric. *Group & Organization Management, 39*(2), 131–161.

Hofmann, T. F. (2020). Never waste a crisis. In K. Molls, J. Eberspächer et al. (Hrsg.) *Denkanstöße für die Zeit nach Corona* (S. 4–5). TUM Forum Sustainability Wissenschaft, Vernunft und Nachhaltigkeit.

Hüther, G. (2011). Könnten wir anders sein – Ist eine mentale Umprägung möglich? Vortrag. Zweite Konferenz des Denkwerks Zukunft "Weichen stellen. Wege zu zukunftsfähigen Lebensweisen". https://www.youtube.com/watch?v=GiJ76uzKYWs. Zugegriffen: 21. Aug. 2020.

IPBES. (2019). Summary for policymakers of the global assessment report on biodiversity and ecosystem services of the Intergovernmental Science-Policy Platform on Biodiversity and Ecosystem Services. https://www.ipbes.net/system/tdf/ipbes_7_10_add.1_en_1.pdf?file=1&type=node&id=35329. Zugegriffen: 8. Aug. 2021.

IPCC. (2014). Klimaänderung 2014: Synthesebericht. Beitrag der Arbeitsgruppen I, II und III zum Fünften Sachstandsbericht des Zwischenstaatlichen Ausschusses für Klimaänderungen (IPCC). In Hauptautoren, R. K. Pachauri & L. A. Meyer (Hrsg.), Genf: IPCC. Deutsche Übersetzung durch Deutsche IPCC-Koordinierungsstelle, 2016. http://www.de-ipcc.de/media/content/IPCC-AR5_SYR_barrierefrei.pdf. Zugegriffen: 8. Aug. 2021.

IPCC. (2018). Zusammenfassung für politische Entscheidungsträger. In V. Masson-Delmotte, P. Zhai, H. O. Pörtner, D. Roberts, J. Skea, P. R. Shukla, A. Pirani, W. Moufouma-Okia, C. Péan, R. Pidcock, S. Connors, J. B. R. Matthews, Y. Chen, X. Zhou, M. I. Gomis, E. Lonnoy, T. Maycock, M. Tignor & T. Waterfield (Hrsg.), *1,5 °C globale Erwärmung. Ein IPCC-Sonderbericht über die Folgen einer globalen Erwärmung um 1,5 °C gegenüber vorindustriellem Niveau und die damit verbundenen globalen*

Treibhausgasemissionspfade im Zusammenhang mit einer Stärkung der weltweiten Reaktion auf die Bedrohung durch den Klimawandel, nachhaltiger Entwicklung und Anstrengungen zur Beseitigung von Armut. World Meteorological Organization, Genf, Schweiz. Deutsche Übersetzung auf Basis der Version vom 14.11.2018. Deutsche IPCC-Koordinierungsstelle, ProClim/SCNAT, Österreichisches Umweltbundesamt, November 2018. https://www.de-ipcc.de/media/content/SR1.5-SPM_de_barrierefrei. pdf. Zugegriffen: 8. Aug. 2021.

König, J. C. (2011). *Über die Wirkungsmacht der Rede: Strategien politischer Eloquenz in Literatur und Alltag.* V&R unipress GmbH.

Krüger, T. (2010). *O vitae philosophia dux! Lateinische Texte zum Thema ›Philosophie in Rom‹.* Philipp Reclam jun.

Lange, S., & Santarius, T. (2018). *Smarte Grüne Welt? – Digitalisierung zwischen Überwachung, Konsum und Nachhaltigkeit.* oekom.

Lesch, H., & Kamphausen, K. (2018). *Wenn nicht jetzt, wann dann? – Handeln für eine Welt, in der wir leben wollen.* Penguin Verlag.

Luhmann, N. (1968). *Zweckbegriff und Systemrationalität – Über die Funktionen von Zwecken in sozialen Systemen.* J.C.B. Mohr (Paul Siebeck).

Mainzer, K. (2020). Grundlagen, Forschung und Philosophie nach Corona. In K. Molls, J. Eberspächer, et al. (Hrsg.), *Denkanstöße für die Zeit nach Corona* (S. 24–26). TUM Forum Sustainability Wissenschaft, Vernunft und Nachhaltigkeit.

Meadows, D. H., Meadows, D. L., Randers, J., & Behrens, W. W. (1972). The limits to growth. A report for THE CLUB OF ROME's project on the predicament of mankind. Universe Books. http://www.donellameadows.org/wp-content/userfiles/Limits-to-Growth-digital-scan-version.pdf. Zugegriffen: 14. Aug. 2020.

Mück, F., & Zimmer, J. (2017). Der TED-Effekt. Wie man perfekt visuell präsentiert für TED Talks, YouTube, Facebook, Videokonferenzen & Co. Redline Verlag.

Müller, S. O. (2018). Einfach loslegen. In G. Hüther, S. O. Müller, & N. Bauer (Hrsg.), *Wie Träume wahr werden – Das Geheimnis der Potenzialentfaltung* (S. 57–63). Goldmann.

Müller, H. (2021). Von der Ökonomisierung zur Ökologisierung Konsequenzen eines Paradigmenwechsels. In C. Schmiderer, P. J. Weber, & H. Müller (Hrsg.), *„Money, Money, Money" Zur Ökonomisierung der Gesellschaft* (Schriftenreihe Theorie-Praxis-Dialog des Fachbereichs onlineplus Band 02, S. 31–52). kopaed.

Nussbaum, M. (2011). *Creating capabilities: The human development approach.* Harvard University Press.

Ott, U. (2019). *Meditation für Skeptiker. Ein Neurowissenschaftler erklärt den Weg zum Selbst.* Knaur.

PIK – Potsdam-Institut für Klimafolgenforschung. (2015). Vier von neun „planetaren Grenzen" bereits überschritten. https://www.pik-potsdam.de/aktuelles/pressemitteilungen/vier-von-neun-planetaren-grenzen201d-bereits-ueberschritten. Zugegriffen: 21. Aug. 2021.

Pufé, I. (2014). Was ist Nachhaltigkeit? Dimensionen und Chancen. *APuZ – Aus Politik und Zeitgeschichte, 64.* Jahrgang, 15–21. https://www.bpb.de/system/files/dokument_pdf/APuZ_2014-31-32_online.pdf. Zugegriffen: 17. Aug. 2020.

Randers, J. (2012). *2052 – A Global Forecast for the Next Forty Years, A REPORT TO THE CLUB OF ROME COMEMORATING THE 40TH ANNIVERSARY OF The Limits to Growth.* Chelsea Green Publishing.

Rapp, C. (1999). Rhetorik und Philosophie in Aristoteles' Rhetorik. *Jahrbuch Rhetorik – Ein internationales Jahrbuch, 18,* 94–113.

Rasche, M. (2018). *Philosophie in der Unternehmensberatung. Band 1: Methodisches Denken für die Praxis.* BoD.

Reisch, H. (2018). *Kleine Geschichte der Philosophie.* Springer Fachmedien.

Rese, F. (2003). *Praxis und Logos bei Aristoteles: Handlung, Vernunft und Rede in Nikomachischer Ethik, Rhetorik und Politik.* Mohr Siebeck.

Schaltegger, S. (2013). Strategisches Management und Nachhaltigkeit – Episode 2: Strategisches Management unternehmerischer Nachhaltigkeitstransformation – Konzept und Ausblick. Virtuelle Akademie Nachhaltigkeit. https://www.youtube.com/watch?v=4Q_15VmhH28. Zugegriffen: 17. Aug. 2020.

Scharmer, O. (2018). *The essentials of Theory U - Core principles and applications.* Berrett-Koehler.

Schellnhuber, H. J., Rahmstorf, S., & Winkelmann, R. (2016). Why the right climate target was agreed in Paris. *Nature Climate Change., 6,* 649–653.

Sen, A. (1979). Equality of what? In S. M. McMurrin (Hrsg.), *Tanner lectures on human values* (S. 197–220). Cambridge University Press.

Signorello, R. (2019). Voce in charismatic leadership. In N. S. Eidsheim & K. Meizel (Hrsg.), *The Oxford handbook of voice studies* (S. 165–190). Oxford University Press.

Steffen, W., Broadgate, W., Deutsch, L., Gaffney, O., & Ludwig, C. (2015a). The trajectory of the Anthropocene: The great acceleration. *The Anthropocene Review, 2*(1), 81–98. https://doi.org/10.1177/2053019614564785. Zugegriffen: 08. Aug. 2021.

Steffen, W., K. Richardson, J. Rockström, S. E. Cornell, I. Fetzer, E. M. Bennett, R. Biggs, S. R. Carpenter, W. De Vries, C. A. De Wit, C. Folke, D. Gerten, J. Heinke, G. M. Mace, L. M. Persson, V. Ramanathan, B. Reyers, & Sörlin, S. (2015b). Planetary boundaries: Guiding human development on a changing planet. *Science 347*(736), 1259855. https://science.sciencemag.org/content/347/6223/1259855. Zugegriffen: 14. Aug. 2020.

Ueding, G. (2001). Ethos und Charisma des Redners. In J. Häusermann (Hrsg.), *Inszeniertes Charisma, Medien und Persönlichkeit* (Medien in Forschung und Unterricht. Serie A, 50, S. 69–82). Max Niemeyer Verlag GmbH.

UN Secretary-General's High-level Panel on Digital Cooperation. (2019). The age of digital interdependence – Report of the UN Secretary-General's High-level Panel on Digital Cooperation. https://www.un.org/en/pdfs/DigitalCooperation-report-for%20web.pdf. Zugegriffen: 8. Aug. 2021.

von Carlowitz, H. C. (1713). *Sylvicultura Oeconomica, Oder Haußwirthliche Nachricht und Naturmäßige Anweisung Zur Wilden Baum-Zucht,* Leipzig. http://digital.slub-dresden.de/werkansicht/dlf/85039/127/0/. Zugegriffen: 14. Aug. 2020.

WBGU – Wissenschaftlicher Beirat der Bundesregierung Globale Umweltveränderungen. (2019). Unsere gemeinsame digitale Zukunft. Hauptgutachten. WBGU. https://www.wbgu.de/fileadmin/user_upload/wbgu/publikationen/hauptgutachten/hg2019/pdf/wbgu_hg2019.pdf. Zugegriffen: 8. Aug. 2021.

Weber, M. (2013). Wirtschaft und Gesellschaft. Soziologie. Unvollendet (1919–1920). In K. Borchardt, E. Hanke & W. Schluchter (Hrsg.), *Max Weber Gesamtausgabe* (Bd. I/23). Mohr Siebeck.

Winston, A. S. (2016). Tackling the world's challenges with technology. MIT sloan management review. Special Collection. Fall 2016. S. 19–20. http://marketing.mitsmr.com/off ers/FR2016/MITSMR-Frontiers-collection.pdf. Zugegriffen: 8. Aug. 2021.

Wissenschaftsrat. (2015). (Hrsg.). Zum wissenschaftspolitischen Diskurs über große gesellschaftliche Herausforderungen – Positionspapier. Drs. 4594–15. Verabschiedet in Stuttgart, April 2015. https://www.wissenschaftsrat.de/download/archiv/4594-15.pdf. Zugegriffen: 8. Aug. 2021.

Zechmeister, F., Ziegelmeir, M., Zepic, R., & Krcmar, H. (2019). Die Potenziale der Künstlichen Intelligenz. *Innovative Verwaltung, 7–8*(2019), 42–44.

Zimmer, J. (2016). Persuasion. Ethos, Pathos, Logos- The three pillars of rhetoric. https://www.presentation-guru.com/ethos-pathos-logos-the-three-pillars-of-rhetoric/. Zugegriffen: 21. Mai 2021.